PROFIT

CREDIT CARD

JN015982

1€

もっと知りたい！調べたい！
お金のこと❶

上手なお金の使い方

監修／キッズ・マネー・ステーション

生活の
工夫と
SDGs

発売：小峰書店　発行：中央経済グループパブリッシング

はじめに

　私たちの毎日の暮らしに欠かせないお金のこと。

　この本は、お金が暮らしや社会の中でどのように使われているのか、そのしくみについて、まんがやイラストでわかりやすく学べる内容になっています。「お金なんてなくたって、なんとかなるさ」と思っている人もいるかもしれません。でも、ただのように見える多くのものやサービスにも、実はお金がかかっています。図書館や公園は、なぜ無料で利用できるのか考えたことがありますか？

　お金には、いろいろな種類や役割があり、その使い方しだいで、たくさんの人がうれしい気持ちになったり、反対に悲しい気持ちになったりするものです。また、知識がなければお金のトラブルに巻きこまれることもあります。

　お金について考えることや学ぶことは、あなたがこれからの時代を生きるための確かな力となります。

　この本には、あなたも周りの人たちも、これから生まれてくる子どもたちも、みんなが幸せになるためのお金の使い方のヒントがたくさんつまっています。

　ぜひ、本を読んだあとに、お友だちや大人の人たちと、よりよいお金の使い方について話をしてみてくださいね。

キッズ・マネー・ステーション　八木陽子・髙柳万里

現在おもに使われているお金の種類

日本のお金には金属のものと紙のものがあり、金属のお金は硬貨や貨幣と呼び、紙のお金はお札や紙幣と呼びます。

〈硬貨の種類〉

 1円玉　　 5円玉

 10円玉　　 50円玉

100円玉　　 500円玉

〈お札の種類〉

 千円札　　 2千円札

 5千円札　　 1万円札

この本の使い方

……… この章で学ぶことが書かれています

……… この章のテーマがまんがでわかります

……… 大切なことが見出しになっています

調べたいことがグラフや図で示されています

コラム

知っておきたい言葉や注意することなどが書かれています

 言葉の意味

 注意すること

 お金ミニ知識

発展

自分で調べたりやってみたりしてほしいことが書かれています

 身の回りで調べてみよう

 本で調べてみよう

 ヒントやアドバイス

インターネットで調べてみよう

話し合ってみよう

自分でやってみよう

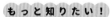

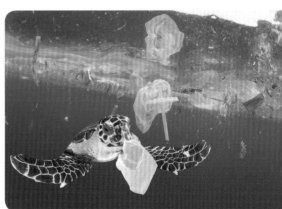

お金の上手な使い方を考えよう

お金ってなんだろう？ お金の3つの役割

ほしい品物があるとき、お店でお金を払って手に入れます。お店に払ったお金は、品物をつくった会社へ、そして、そこで働いている人へとまわっていきます。お金は世の中をぐるぐるとまわっているのです。ここではお金の役割について考えてみましょう。

● 生きるために必要なものを手に 入れることができる「交換手段」

もし世界にお金がなかったら、ほしいものを手に入れるためには、自分のもっているものと交換する必要があります（**物々交換**）。物々交換をするには、まず自分のほしいものをもっている人を見つける必要があります。さらに、その人が自分のもっているものをほしがらなければ、交換できません。しかし、お金があれば、まずは自分のもっているものをお金に交換しておいて、ほしいものを見つけたらそのお金で交換することができるのです。

このようにお金は、必要なものと簡単に交換できるという大切な役割をもっています。このお金の役割を**交換手段**といいます。

昔

物々交換

お金で交換！

今

私たちはみんな消費者

お店で食べものや衣服、文房具や本を買うためにお金を払ったり、買った品物を使ったりすることを**消費**といいます。そして消費する人のことを**消費者**といいます。

私たちはみんな、だれかがいっしょうけんめい働いてつくったものを、お金を払って手に入れて、それを使うことで生活をしている消費者です。

なんとなくお金を使って買いものをするのではなく、消費者としてしっかり考えて買いものをし、大事にものを使うことが大切です。

● 将来のためにためておくことが
● できる「貯蓄手段」

お金がない世界で、あなたがたくさんのみかんを収穫できたとします。みかんを自分のほしいものと交換しようと思っても、あなたがほしいものをもっている人がいなかったらどうなるでしょう。みかんは、ほしいものと交換する前にくさってしまうかもしれません。

しかし、お金であればくさらないし、場所もとらないので、将来使うときのためにためておくことができます。価値をためておくというお金の役割を**貯蓄手段**といいます。

早く交換しないとくさっちゃう

お金はくさらないわ!

● ものの価値をはかることが
● できる「価値尺度」

ここに2つのりんごがあります。1つは、育てるのに手間がかかり、ほんの少ししかとれない貴重なりんご。もう1つはたくさんとれるりんご。もしお金がないとしたら、見た目が変わらない2つのりんごの価値のちがいを表すことはできません。

しかし「1個800円」「1個100円」と値段がついていれば、ひと目でその価値のちがいがわかりますし、だれでも公平にお金と交換することができます。

このようにものの価値をはかる目安になるお金の役割を**価値尺度**といいます。

ちがいがわからない

なるほど

価値のちがいがわかった!

800円

100円

買いものをして
お金を使ってみよう

実際に買いものをするときは、どんなことに気をつけたらよいでしょう。5年生になって自転車を買いかえようと考えているハヤト君の場合を例に、考えていきましょう。

買う前にしっかりと考えよう

買いものをするときは、いきなり買いに出かけるのではなく、本当にその商品が必要なのか、どのような商品を買いたいのかなど、先にしっかりと考えることが大事です。

どうして必要なのか?

まず、なぜそれがほしいのか、その理由を考えてみましょう。

心からほしいと思っていても、本当に必要かがうまく説明できないときは時間をおいて考えてみるといいでしょう。

新しいものが本当に必要か?

ほしいものと同じようなものをもっていないか、家の中を確認してみましょう。こわれて使えなくなったと思ったものを修理して使えないか、いらなくなった人からゆずってもらうことはできないかということも確認しておきましょう。

家族からのアドバイス

「みんながもっているから」という理由ではなく、本当に必要かをしっかり考えてね。高いものはとくによく考えて!

買ったあとにどのように使いたいのか?

使い道が限られていてそれほど使わないものであれば、新しいものを買わずに、使うときだけ借りてもいいかもしれません。また、買ったあとのことを想像してみると、「やっぱり使わないかも……」と思い直すこともあるでしょう。

どのようなもので予算はいくらか?

買うことを決めたら、どのような機能が必要なのかを紙に書き出してみましょう。どういうものが必要かがわかったら、予算を決めます。もしお金が足りないときは、おこづかいをためたり、安くなるまで待ったりするなど、いろいろな方法を考えてみましょう。

3段変速だとためたお年玉の2万円だけでは足りないかも…

中学まで使うなら、お父さんお母さんが2万円出すから4万円で考えてごらん

✎ 今、自分が買いたいものは何かな。なぜほしいのか書き出してみよう。

ステップ2 買いたいものの情報を集めよう

　買うことが決まったら、次は買いたいものの情報を集めて整理します。情報は、さまざまな方法で集めることができます。集めた情報をもとに、「どのような商品を」「どこで」「いくらで」買うかについて家族でしっかり話し合いましょう。

自転車
いつ
買いに行く？

ちょっと待って！
まず買いたいものの
情報を集めましょう！

3段変速の自転車を買うって決めて、
予算も4万円って決まったから
どれにするかをお店で選べば
いいんじゃないの？

3段変速の自転車と
いってもいろいろあるよ！
どの商品を選ぶかや、
どの店で買うかも
考えないといけないよ

どうやって
調べたら
いいの？

集めたい情報

どのような商品を買うか?
- どのような種類があるか?
- どこの会社がつくっているか?
- その商品のよいところ、よくないところは何か?

どこで買うか?
- 家の近くで買えるところは?
- 自転車専門店、ホームセンター、インターネットのお店など、お店ごとのよいところ、よくないところは何か?
- アフターサービスは受けられるか?

いくらで買うか?
- それぞれのお店で買うといくらか?
- 決めた予算に合った値段か?

情報を集める方法

ちらしや雑誌の広告などを見る

新聞といっしょに届く折りこみちらしを見ると、近所のお店で売られている商品の特徴や値段がわかります。雑誌の広告や、テレビコマーシャルで商品の内容が確認できる場合もあります。

インターネットで調べる

商品をつくっている会社のサイトでは、商品の特徴がくわしく書かれています。商品の値段を比べているサイトや、その商品を使った人の感想や評価が書かれたサイトもあります。

友だちなど知っている人に聞く

その商品や似たような商品を使ったことのある人に話を聞くと、使ってみてはじめてわかるさまざまな情報が得られます。気になることを直接聞くこともできます。

家族からのアドバイス

1つの情報だけでは、どうしてもかたよってしまいがち。いくつかの方法で情報を集めると、より信頼できる情報が得られるよ

 インターネットで調べるときの注意点

とても便利なインターネットですが、気をつけなければいけないこともあります。

●大人がいるときに使う

悪意をもった人がつくったサイトを開いてしまうこともあるので、勝手に使わないで家族や大人の人がいるときに使いましょう。

●個人情報の登録が必要なものは気をつける

個人情報の登録が必要なサイトはやめて、どうしても必要な場合は家族や大人の人に相談しましょう。

●複数の情報を比べる

いろいろな人が書きこんでいる情報や個人サイトの中には、まちがった情報やかたよった情報もあります。できるだけ多くの情報を集めて比べましょう。

ステップ3 お店に行って実物を見て買うものを選ぼう

　先に情報をしっかり集めていたとしても、実物を見ると印象がちがったり、体に合わなかったりすることもあります。とくに、値段の高いものを買うときは、情報を集めたあとに、できるだけ実際にお店に行って実物を見て、お店の人にわからないことを確認してから選ぶようにしましょう。

お店に行ったらここを確認しよう！

自分の体に合っているか

操作しやすいか

ベルは鳴らしやすいか

乗り降りは楽にできるか

サドルの高さは自分と合っているか、調節できるか

ハンドルの位置はちょうどよいか

かごはあつかいやすいか

かぎはあつかいやすいか

ブレーキはかたくないか

スタンドは立てやすいか

安全マークはついているか

変速ギアはついているか

必要な機能はついているか

わからないことは聞いてね！

BAAマーク
安全・安心と環境に気を配った自転車協会の安全基準に合格した製品につけられます。

SGマーク
製品安全協会の安全基準に合格した製品につけられます。

TSマーク
買ったあとでつけるマーク。自転車安全整備士の点検・整備を受けることでつけられ、事故を起こしたときの保険がついています。

買いものをするときに確認したいマーク

商品の品質や安全性を示すマークには、さまざまなものがあります。
買いものをするときは、マークがついているか注意して見ておきましょう。

JISマーク
日本産業規格に合格した製品につけられます。鉛筆やノート、乾電池など。

JASマーク
日本農林規格に合格した食品につけられます。ケチャップやジュース、カップ麺など。

STマーク
日本玩具協会の安全基準に合格したおもちゃにつけられます。ミニカーや人形など。

特定保健用食品マーク
骨の健康に役立つなど、特定の保健効果が期待できる食品につけられます。ヨーグルトやお茶、おかしなど。

※環境のことを考えた製品につけられるマークは、42ページで紹介しています。

 よく知っている商品はインターネットで買うのも便利だね。

ステップ 4 お金を払って買おう（契約）

　実物をしっかりと確認して、買いたい商品を選んだら、お金を支払って商品を受け取りましょう。おつりをもらう場合はまちがっていないかよく確認します。代金を支払うと**レシート**（領収証）がもらえます。レシートはお金を支払って買った証明になるので、必ずもらって保管しておきましょう。

あつり＆レシート

領 収 証

サイクルショップ○○
東京都千代田区△△
電話03-XXXXXXXXX

お買い上げ商品の返品・交換は、必ずこの領収証
をご持参のうえ、14日以内でお願いいたします。

お買い上げ日：○○年○月○日

○○自転車27インチモデル	¥38,500
防犯登録	¥600
小計	¥39,100
（内消費税等	¥3,500)
税込み合計	¥39,100
お預かり	¥40,000
お釣り	¥900

保証の内容はメーカー保証規定に準じます。
この領収証はメーカー保証書と一緒に紛失しない
ように保管してください。

●お店の名前・連絡先
故障が見つかるなど困ったことがあれば、ここに書いてある連絡先に問い合わせます。

●返品や交換
返品したいときや交換をしてもらうときにはレシート（領収証）が必要になります。期限があるので注意しましょう。

●買ったものとその値段
買った商品にまちがいがないか、金額は正しいかを確認します。

●消費税
ものを買うなどの「消費」をしたときに納める税金のことです（税金については、32ページで説明しています）。

●支払った金額とおつり
「お預かり」はレジで支払った金額、「お釣り」はおつりとしてもどってきた金額です。

💰 買いものとは「契約」をすること

　契約とは、簡単にいうと約束のことです。ただし、ただの約束とはちがって、「守ることが法律で決められている約束」です。たとえば、あなたがお店で「これを買いたいです」と商品をレジにもっていって、お店の人が「わかりました、○○円で売ります」と言えば、それで契約は成立します。つまりすべての買いものは契約なのです。契約が成立すると、買っ

た人は責任をもって代金を支払い、お店の人は商品をわたさなければなりません。

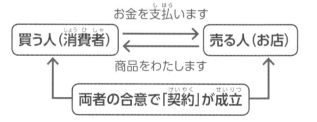

お金を支払います
買う人（消費者）　⟶　売る人（お店）
商品をわたします
両者の合意で「契約」が成立

🖑 契約は、自分の都合で一方的に取り消せないので注意しよう。

ステップ 5 買いものをふり返ろう

　買いものをしたあとは、自分の買いもののしかたはどうだったか、また手に入れたものは、思ったとおりのものかなど必ずふり返りましょう。買いものをする前に、いろいろと調べたり考えたりしていても、実際に買いものをしてみると、「こうすればもっとよかった」と反省することは出てきます。「買って終わり」ではなく、買ったあとも大事です。ステップ❶から❹までをふり返り、もっと買いもの上手になりましょう。

ふり返っておこう！

- 使い道に合った商品選びができたか？　予算など計画どおりに買いものをすることができたか？

- 使いやすさや品質など商品には満足しているか？

- むだなく生活の中で活用できているか？

よかった点と反省点をまとめてみたよ

よかった点
お店に行く前にしっかり情報を集めてから、実際にお店で乗ってみたのがよかった。体にぴったり合っていて使いやすい。

反省点
かっこいいと思って白い自転車にしたけれど、使ったらすぐによごれてしまった。もう少しこい色にすればよかった。

⚠ 通信販売で買いものをするときの注意点

　インターネットやテレビ、雑誌などの情報をもとに商品を注文し、商品を配達してもらう通信販売は、今とてもさかんに行われています。お店まで行かなくてもさまざまな商品を買うことができるのでとても便利ですが、一方で「ちがう商品が届いた」「お金を払ったのに、商品が届かない」「安いと思ったら、続けて何回も買うことが条件だった」などのトラブルが起きることもあります。

注意すること
- 商品の説明や注意書きはしっかり読む
- お店の名前、住所、電話番号を確認する
- お店の評判が悪くないか調べる
- 返品や交換ができるか確認する

17

品物を買わなくてもお金が必要なことといろいろな支払い方法

　ここまでは、形のある品物を買う方法を考えてきましたが、品物を買うほかにも、**サービス**を受けるときなどには、お金が必要です。また、100円玉や千円札など現金で払うだけでなく、いろいろなお金の支払い方があります。どのようなものがあるのか確認してみましょう。

● 品物を買わないけれど、お金が必要なこと（サービスなど）

美容院や理髪店で髪を切ってもらう
美容師さんや理容師さんが髪をきれいに切ってくれたことに対してお金を払います。

電気や水道、ガスを使う
家で電気や水やガスを使った量に応じて、「電気代」「水道代」「ガス代」を払います。

電車やバスに乗る
電車やバスに乗るときに、運賃を払います。

携帯電話やインターネットを使う
通信料を携帯電話などの会社に支払います。

習いごとに通う
スイミングクラブやピアノ教室など、先生に教えてもらったことに対してお金を払います。

 品物は買わないけど、お金が必要なことはほかに何があるかな。

いろいろな支払い方法

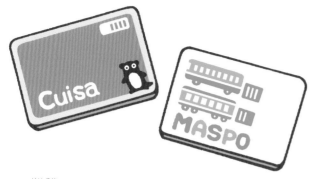

交通系ICカードを使う

使うぶんのお金をチャージ（入金）しておけば、電車やバスに乗るときに運賃を支払えるだけでなく、コンビニエンスストアなどで支払いに使うこともできます。

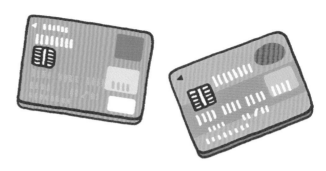

クレジットカードを使う

クレジットカード会社が代わりに払ってくれるので、現金をもっていなくても買いものができます。代金はあとでクレジットカード会社に支払います。18歳以上の人がもつことができます。

図書カードで本を買う

たとえば1000円の図書カードを買っておけば、本を買うときに1000円ぶんのお金として使うことができます。

スマートフォンのアプリケーション（アプリ）を使う

スマートフォンに専用のアプリを入れてお金をチャージ（入金）しておけば、スマホのQRコードや、お店のQRコードを読みこむことで、代金を支払うことができます。

 買いもののトラブルに注意

もし、買いものをしてトラブルに巻きこまれてしまっても、解決する方法はいろいろあります。
1人でなやまずに、まずは身近な大人に相談しましょう。

●オンラインゲームでアイテムを買いすぎて高額なお金を支払うことになった！

ゲームの課金をするときは、使いすぎないようルールを決めましょう。

※未成年の子どもが保護者の許可なく契約をした場合は、条件により契約の取り消しができる場合もあります。

●電話がかかってきて、高い品物を買わされてしまった

電話や外での勧誘などで、高い買いものをしてしまった場合は、**クーリング・オフ**といって、一定の期間内であれば、契約の取り消しができます。

●買った商品がすぐに故障してしまい、そのためにけがをしてしまった

買ったお店やつくっている会社が対応をしてくれる場合があります。対応してもらえない場合は、**消費生活センター**に相談すると問題解決のためのアドバイスがもらえます。

 現金を使わない支払い方法だと便利になることはなんだろう。

お金を上手に使うために　どうしたらよいか考えよう

　もし、もっているお金をすべて使ってしまったあとに、もっとほしいものが出てきても、使ったお金はもどってきません。自分は今どれだけのお金をもっているのか、これからどのようにお金を使うのか、考えてお金を使うことが大事です。

●● おこづかい帳をつけてみよう！

　おこづかいの金額ともらい方（毎月なのか、毎週なのか、決まった金額をもらうのか、お手伝いをしたぶんだけもらうのか）を家族と決めましょう。おこづかい帳をつけると、自分が何にお金を使ったのか、いくら残っているのかがよくわかります。むだ使いをしないで計画的にお金を使うために役立ちます。

●買いたいものを書く
ほしいものを書いておくと計画が立てやすくなります。

●日にちと、もらった金額、
　使った金額を書く
おこづかいをもらったら「入ったお金」に、買いものをしたときは「出たお金」に書きこみ、残った金額も書きます。何を買ったのか（使い道）や感想も書いておきましょう。お店でもらったレシート（領収証）を保管しておくと便利です。

●家族に感想を書いてもらう
次の月のおこづかいをもらうときに、家族に見てもらい、おこづかいの使い方をふり返りましょう。

おこづかい帳

○月のおこづかい

おこづかい＿＿＿＿＿＿＿円

今月のほしいものなど……

日にち	使い道など	入ったお金	出たお金	残ったお金	感想
/		円	円	円	
/		円	円	円	
/		円	円	円	
/		円	円	円	
/		円	円	円	
/		円	円	円	
/		円	円	円	
/		円	円	円	
/		円	円	円	
/		円	円	円	
/		円	円	円	
/		円	円	円	

おうちの人の感想

支出が収入より多くならない ようにすることが大切

収入より支出が多いのはよくないわよね……

おこづかいを大事に使う必要があるのと同じように、家族が安心して生活していくためにも、家族全員で計画的にお金を使うことが大切です。「入ってくるお金」を**収入**といいます。家族の収入は、多くの場合、家族のだれかが働くことで得たお金です。そして、「出ていくお金」を**支出**といいます。毎日の食事や、電気や水、学校で必要なもの、洋服やくつ、ティッシュペーパー、洗剤など、生活の中でさまざまなものにお金を使っています。

収入より支出が多いとお金が足りなくなってしまいます。収入と支出がちょうどよいバランスであることが大切なのです。

支出が多くてバランスが悪い状態

支出より収入が多い場合は 貯蓄ができる

支出より収入のほうが多いときは、「いざというときのお金」としてためておく**貯蓄**ができます。家族で使うお金の額は毎月同じではありません。必要なときのために「とっておく」ことも大切です。

収入より支出が少なければ、ためておけるんだね

貯蓄もできるバランスのよい状態

 家庭のおこづかい帳「家計簿」

家族のお金を計画的に使うために、収入や支出などを書くものを**家計簿**といいます。中身は、おこづかい帳と大きくは変わりません。働くことで得た収入がいくらだったのか、何にいくら使ったのか、いくら貯蓄したのかを書くことで、毎月の収入と支出や貯蓄がどのくらいの金額だったかを確認できます。

支出が多くて収入では足りなくなってしまったときは、支出の中にむだがないかを確認します。収入のほうが多い場合は、貯蓄の金額を増やすこともできます。家計簿を上手に使えば、安心して生活できるのです。

✎ 来月の支出と貯蓄の予定を立ててみよう。

将来のことも考えて、計画的にお金を使おう

目的のためにお金を ためておく

さいふの中にお金が入っていると、ついつい使いたくなってしまいます。でも、今もっているお金では買えないような値段の高いものがほしくなるときもありますし、家の中のものがこわれて買いかえなければいけなくなることもあります。こうした「いざというとき」に備えておくための方法が**貯金**です。

● おこづかいを3つの目的に分けて、
● 決まった金額をためよう

おこづかいをもらったら、3つの目的を考えておこづかいを分けておきましょう。「いざというときのお金（貯金）」は毎月決まった金額を取り分けて、貯金箱に入れておくとよいでしょう。アイスクリームやジュースを少しがまんすれば、1年後にはほしかったマンガ本やゲームソフトが買えるかもしれません。

誕生日などの特別なおこづかいやお年玉をもらったときも、その一部を貯金しておくと、よりたくさんお金がたまります。

自分のために使うお金

人のために使うお金

ほしかったゲームが買えた！

いざというときの
お金（貯金）

【たとえばおこづかいが毎月600円だったら】

自分のために使うお金
たとえば **毎月400円**（おかしやジュース代）

＋

人のために使うお金
たとえば **毎月100円**（家族や友だちへのプレゼント代や寄付）

＋

いざというときのお金（貯金）
たとえば **毎月100円**（1年間で1200円の貯金）

目標の金額を決めて、毎月いくら貯金したらよいか計算してみよう。

● 家族の将来のために銀行に
● お金を預ける

「いざというとき」のためにお金をためておかなければならないのは、家族のお金でも同じです。毎日の食事など生活のために収入のすべてを使い切っていては、大きな買いものもできませんし、みなさんの進学や受験のときにかかるお金も用意できません。とつぜん病気になって、お金が必要になることもあります。そうしたことに備えるため、あらかじめためるお金の額を決めて収入から取り分けておいたり、1か月の終わりに残ったお金をためたりします。

	普通預金				
02・03・02	ガス		7.576		
02・03・13	ATM(…)		5.000		2.380.109
02・03・24	電気		9.206		2.375.109
02・03・27	振込カ)…				2.365.903
02・04・01	クレジット			387.186	2.753.089
02・04・02	ガス		8.405		2.744.684
02・04・13	水道		5.685		2.738.999
			3.124		2.735.875
02・04・17	口座振替	22.716	○○セイメイ		2.713.159

家族のお金はおこづかいよりも金額が大きいので、どろぼうにぬすまれたりしないように、銀行などに預けておきます。つい使ってしまうことも防げます。

将来お金が必要になるのは、こんなとき

大きな買いものをするとき
家、自動車、家具、電化製品などは値段が高く、その月の収入だけでは買えないものもあるので、こつこつとためておかなければなりません。

子どもが育っていくとき
中学、高校、大学に進学していくと学校に支払う学費などがかかります。受験のために塾や予備校に通えばそのお金も必要になります。

家族のだれかが病気になったとき
病気の治療費、入院費、手術代などが必要になるだけではなく、働いている家族が病気になった場合は収入も減るので、生活のためのお金も必要になります。

家族が年をとったとき
年をとると、会社を定年退職したりして、ほとんどの人は収入が減ることになります。そのときに生活に必要なお金をあらかじめためておくと安心です。

銀行の仕事としくみを見てみよう

　大きな町には**銀行**があります。家族が銀行の自動預け払い機（ATM）で、お金を出したりするのを見たことがあるのではないでしょうか。これは、銀行に預けたお金を必要なときに引き出しているのです。しかし、銀行の仕事はお金を預かることだけではありません。どのような仕事をしているのか、見ていきましょう。

銀行のおもな仕事

お金を預かる「預金」

　私たち一人ひとりからお金を預かるだけでなく、会社からもお金を預かり、安全に保管するのが、銀行の代表的な仕事です。これを**預金**といいます。銀行に自分の**口座**をつくると、預金通帳やキャッシュカードでお金を預けたり、引き出したりできるようになります。

お金を貸す「貸出」

　銀行はみんなから預かったお金を、お金が必要な人や会社に貸す仕事もしています。これを**貸出**といいます。たとえば、家や自動車のような値段の高いものを買う場合、銀行に相談してお金を貸してもらうことができます。借りたお金は、一定の期間のうちに返さなければいけません。

> 銀行も、お金を返してもらえないと困るので、お金を貸す相手のことはしっかり調べます。

お金を移動させる「為替」

　はなれた場所にいる人にお金を支払うなどのお金の移動も銀行の仕事の1つです。これを**為替**といいます。たとえば、お給料を自分の銀行口座にふりこんでもらったり、買いものの代金を口座から引き落としてもらったりすれば、現金を使わなくても、お金を便利にやりとりできます。

口座ふりこみ　　口座引き落とし

> 銀行がお金をやりとりしてくれることに対して、私たちは手数料を支払います。

その他の仕事（備える・増やす）

　病気や事故などのいざというときに備えるための保険に入ったり、お金を増やすための投資を始めたりする窓口になる仕事もしています。

※保険については、28ページで説明します。

保険　　投資

預金と貸出のしくみ

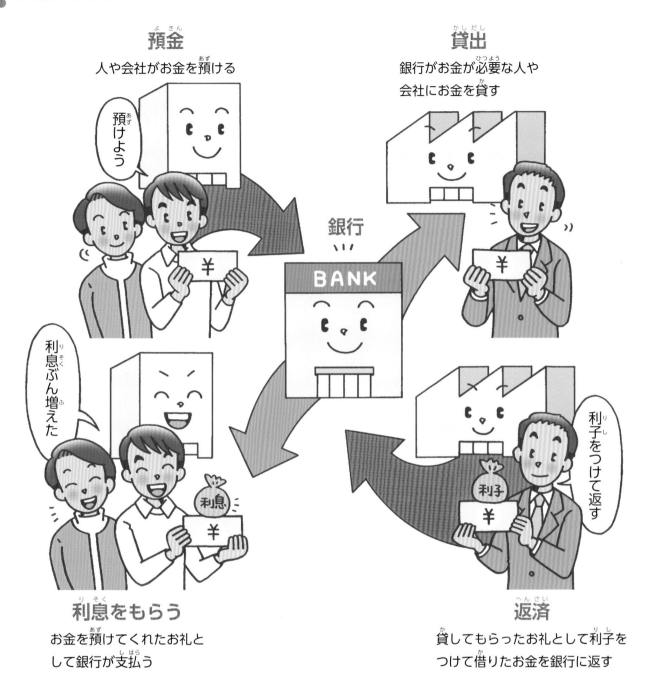

預金
人や会社がお金を預ける

預けよう

利息ぶん増えた

利息をもらう
お金を預けてくれたお礼と
して銀行が支払う

銀行

BANK

貸出
銀行がお金が必要な人や
会社にお金を貸す

利子をつけて返す

返済
貸してもらったお礼として利子を
つけて借りたお金を銀行に返す

📖言葉 利子・利息って何?

　銀行はみんなから預かったお金を、お金が必要な人や会社に貸していますが、お金を借りた人は、お金を返すときに銀行にお礼として**利子**を支払います。この利子が銀行の利益（もうけ）となります。

　また、利子の一部は、**利息**としてお金を預けてくれた人へのお礼になります。わずかですが預けているだけでお金が増えることになります。銀行に預けるとよい理由の1つが、この利息です。

| 100万円借りる | →利子が1%なら 1万円→ | 101万円返す |

| 100万円預ける | →利息が0.001%なら 10円→ | 100万10円引き出せる |

※利子と利息を同じ意味で使う場合もあります。

銀行にお金を預けるとよいことは、利息のほかに何があるかな。

もしものためのしくみ、保険

もしも大きな台風がきて家がこわれてしまったら、今あるお金だけで修理できるでしょうか。家族が事故にあって働けなくなると収入が減ってしまい、生活費が足りなくなってしまうかもしれません。こうした将来の「もしも」のときにお金の心配をしないですむように備えるのが、**保険**の役割です。

保険のしくみ

保険は、同じ心配をもつたくさんの人が集まって、少しずつお金を出し合うことで共有の財産をつくり、もしものことがあった場合に共有財産からまとまったお金を出して、経済的に助け合うというしくみです。たとえば、自転車に乗っていて歩いている人とぶつかり、相手が亡くなってしまった場合、1億円近い金額を相手に支払わなければならないこともあります。こうした大きな金額は、保険に入らずに1人で支払うのはとても難しいでしょう。保険に入ることで、多くの人で備えるのです。

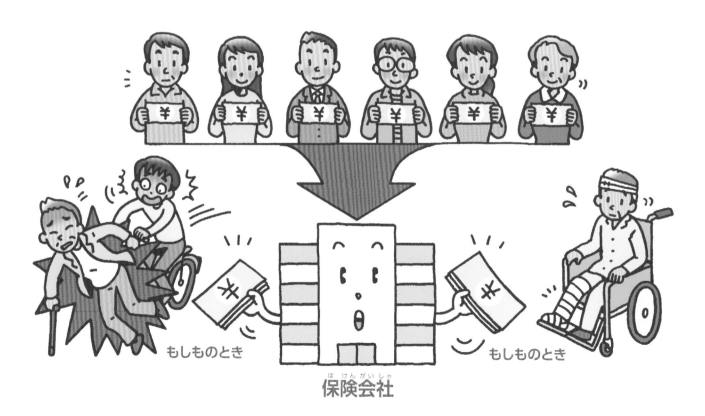

もしものとき　　　保険会社　　　もしものとき

保険に入っていれば
こんなときにお金がもらえる

病気になったとき
医療保険、がん保険など

事故にあったとき
自動車保険、傷害保険など

家族が死亡したとき
死亡保険（生命保険）
など

災害にあったとき
火災保険、地震保険など

 こんな保険もある！

保険には上で紹介した以外にも、いろいろな種類があります。
学費をためる学資保険、旅行先で困ったときに備える旅行保険などがよく知られています。
ちょっとめずらしいものとしては、次のようなものもあります。

- お天気保険：旅行や遊びに行った先で雨が降った場合に、旅行代金の一部またはすべてが返ってくる
- ペット保険：ペットのけがや病気の治療に備える
- ドローン保険：ドローンを飛ばしているときの事故に備える
- レクリエーション保険：運動会やスポーツ大会などの行事の参加者の事故に備える
- 興業中止保険：コンサートやスポーツ大会、花火大会などのイベントが中止になったときの損害に備える
- 宇宙保険：人工衛星の打ち上げ前の事故や打ち上げの失敗、人工衛星の故障などに備える

海外ではこんな保険も

- 誘拐保険：誘拐されたときの身代金や犯人と交渉する専門家に払うお金などに備える
- 離婚保険：離婚したときに弁護士に払うお金などに備える
- エイリアン保険：宇宙人に誘拐されたときに備える

みんなの生活を支えるお金（税金）について考えよう

なぜ、税金は必要なの？

　私たちは、消費税だけではなくいろいろな形で、国や住んでいる都道府県・市区町村（地方公共団体）に**税金**を納めています。私たちが安心して生活していくためには、みんなのお金を集めてまとめて使うことが必要になるからです。たとえば、川に橋をかけたい、図書館を建てたい、災害で被害にあった人を助けたい、そんなときはとてもたくさんのお金が必要になります。税金は住みやすい町をつくるために使われているのです。

税金のしくみ

　税金はみんなのお金なので、みんなのために使われています。

消費税ね！
レシート
所得税

集める

国・都道府県・市区町村
選挙で選ばれた私たちの代表が税金の使い道を話し合いで決定

使う

公共施設
みんなで利用するための図書館や児童館、体育館や公園など

公共サービス
みんなの生活のために行われているごみの収集や警察・消防などの活動

社会保障
みんなが健康で安心して生活できるよう国が支える健康保険や年金などの制度

国の税金の使い道

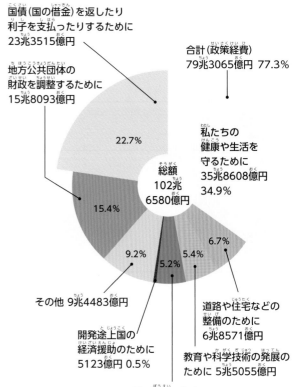

国債（国の借金）を返したり利子を支払ったりするために
23兆3515億円

地方公共団体の財政を調整するために
15兆8093億円

合計（政策経費）
79兆3065億円 77.3%

私たちの健康や生活を守るために
35兆8608億円
34.9%

総額
102兆6580億円

22.7%

15.4%

9.2%

5.2%

5.4%

6.7%

その他 9兆4483億円

開発途上国の経済援助のために
5123億円 0.5%

国の防衛のために
5兆3133億円

教育や科学技術の発展のために 5兆5055億円

道路や住宅などの整備のために
6兆8571億円

※国の一般会計歳出額内訳（令和2年度当初予算）
（国税庁ホームページを元に作成）

小学校にはみんなの税金が 使われている

公立の小学校は公共施設の1つで、たくさんの税金によって支えられています。私立の小学校の場合はすべてが税金ではありませんが、**補助金**の形で税金が使われています。

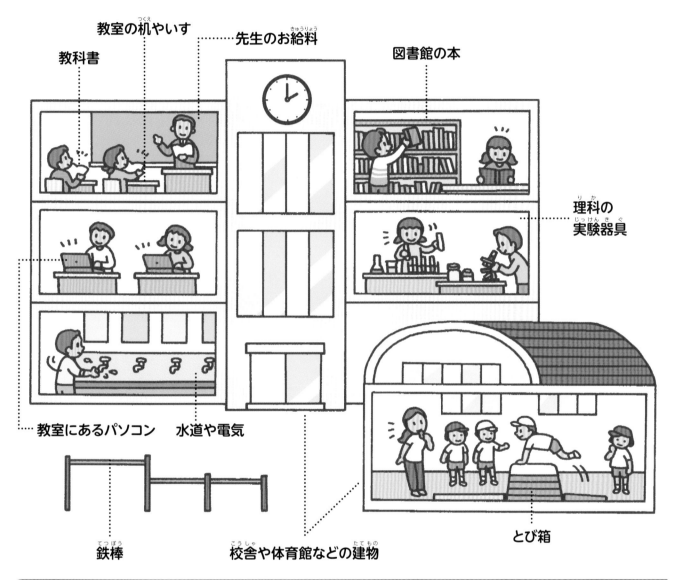

教科書

教室の机やいす

先生のお給料

図書館の本

理科の実験器具

教室にあるパソコン　水道や電気

鉄棒

校舎や体育館などの建物

とび箱

 税金にはどんな種類があるの？

税金には買いものをしたときに代金といっしょに払う「消費税」のほかにもいろいろな種類があります。

● 税金を負担する人が直接納める「直接税」の例

・ 所得税……1年間の個人の所得（お給料など）に応じて国に納める

・ 贈与税……個人が財産をもらったときに国に納める

・ 法人税……会社に利益（もうけ）があるときに会社が国に納める

・ 自動車税……自動車をもっている人が都道府県に納める

● 税金を消費者が負担し、お店や生産者が納める「間接税」の例
（消費税も、この間接税の1つです）

・ 酒税……お酒の値段にふくまれている

・ たばこ税……たばこの値段にふくまれている

● 学校以外にもこんなにある！
● 税金が使われている公共施設や公共サービス

　あなたの住んでいる町にも、税金でつくられた**公共施設**や、税金が使われている**公共サービス**がたくさんあります。もし税金がなければ、これまで無料で使えていた施設やサービスがなくなったり、有料になったりするかもしれません。

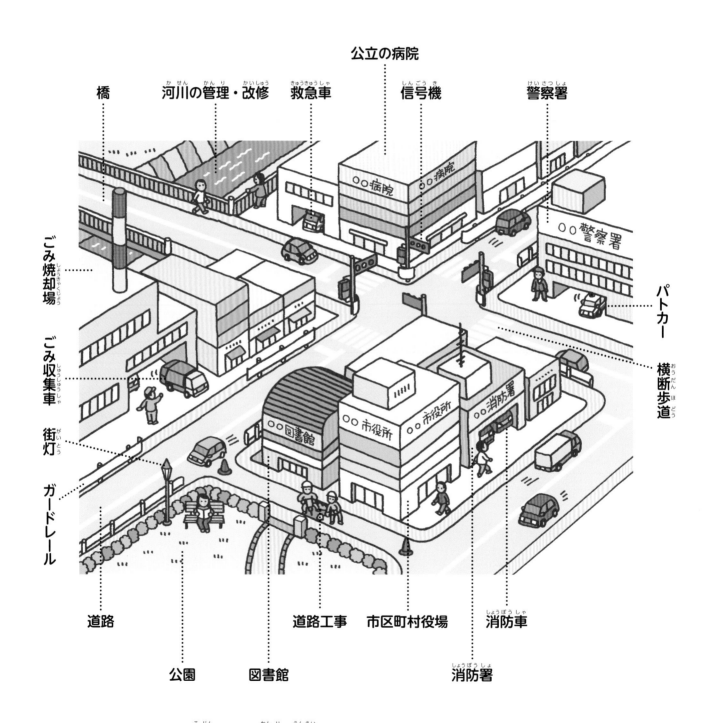

※道路や図書館、公園の一部は個人や会社が管理・運営しているものもあります。

　町で税金が使われているのはほかにどんなところがあるだろう。

● 安心して暮らすための社会保障にも
● 税金が使われている

　税金は、みんなが健康で安全・安心な生活を送るためにも使われています。そのための制度を**社会保障**といいます。どんなときに社会保障が私たちを支えてくれるのか、見ていきましょう。

病気になったとき（健康保険）

病院で病気やけがの治療をしてもらうときにかかるお金の一部に税金が使われます。そのため、私たちは病院で治療費を全額は支払う必要がありません。

年をとったとき（年金）

年をとって収入が減ってからも安心して生活できるように、年金としてお金を受け取れるようになっています。その一部に税金が使われています。

災害にあったとき（災害支援）

台風で水びたしになった住宅への消毒作業や、生活を立て直すために必要なお金などに税金が使われます。

生活に困っているとき（生活保護）

生活に困っている人たちを税金を使って助けます。

介護が必要になったとき（介護保険）

年をとって体が不自由になったときに受けられる介護サービスも、一部の金額は税金でまかなわれます。

エシカル消費、5つのR、
持続可能な社会（SDGs）

地球環境を守るための お金の使い方を考えよう

お金の使い方を変えたら未来も変わる？

　私たちが商品を買うと、その商品をつくっている会社を応援することになります。社会がよくなるように考えられた商品を買えば、社会をよくする応援ができます。逆によく考えずに商品を買ってしまうと、社会によくない影響をあたえてしまうこともあります。今世界中で大きな問題になっている環境問題をもとに、未来を変えるためのお金の使い方を考えていきましょう。

自分の行動で未来が変えられる

水筒 VS. ペットボトル

ペットボトルの飲みものは便利ですが、飲み終わったボトルはごみとして捨てられています。水筒にお茶を入れてもち歩けば、ごみを減らし、ペットボトルの原料となる石油を節約できます。

日本全体で
1年に250億本
売られている

ごみも
たくさん
出る!?

エコバッグをもって行く VS. レジ袋を買う

日本ではプラスチックごみの１つであるレジ袋を減らすため、必要なときだけお金を払って買うしくみになりました。エコバッグをもって行けば、レジ袋を買わずにすみ、プラスチックごみを減らせます。

ごみが
減るし

石油も
節約！

プラスチックごみは
世界全体で毎年
800万トンが海に
流れている

eco

※PETボトルリサイクル推進協議会「PETボトルリサイクル年次報告書2019」　環境省「環境白書2018/19」

プラスチックごみが環境にあたえる影響

海岸に流れついたごみ。プラスチックごみが多くふくまれています。日本から外国へ流れていくことも、外国から日本に流れてくることもあります。

捨てられたレジ袋やプラスチックはくさらないので、海の中をただよっています。ウミガメがクラゲとまちがえて食べてしまうこともあるのです。

プラスチックごみを減らすために私たちにできるとりくみは何かな。

家族みんなで考えたい未来のこと

古いトイレ

使う水の量
大13L
小8L

家族4人で
1人のトイレ回数大1回、
小3回　水道代0.24円/L
で計算すると……

1年間で
約8000円も
水道代が
安くなるよ！

VS.

使う水の量
大4L
小3.3L

節水トイレ

節水トイレ VS. 古いトイレ

20年前につくられたトイレを最近の節水トイレにかえると、流すときに使う水の量を半分以下に減らすことができます。水道代が節約できるのはもちろん、限りある水資源を大事に使うことができ、水をくみあげるときに必要な電力も節約できます。

●古いトイレの水道代
0.24円×(13L+8L×3)×4人×365日＝1万2965円

●節水トイレの水道代
0.24円×(4L+3.3L×3)×4人×365日＝4871円

省エネタイプのエアコン VS. 古いエアコン

エアコンを10年前に買ったものから、最新のエアコンに交換すると、平均で約5％も使う電力量を減らすことができます。電力使用量を減らすことは、石炭や石油などを燃やすときに出てくる二酸化炭素を減らし、地球温暖化を防ぐことにつながります。

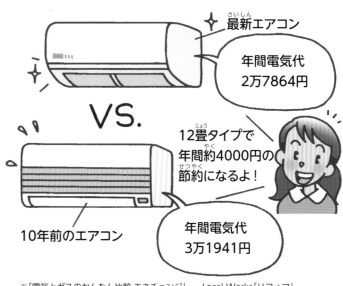

最新エアコン

年間電気代
2万7864円

VS.

12畳タイプで
年間約4000円の
節約になるよ！

10年前のエアコン

年間電気代
3万1941円

※「電気とガスのかんたん比較 エネチェンジ」　Local Works「リフォマ」

食品ロスって何？

　まだ食べられるのに捨てられてしまう食べもののことを**食品ロス**といいます。日本では、1年間に出る食品ロスは600万トン以上。これは日本人一人ひとりが、毎日茶わん1ぜんぶんのご飯を捨てているぐらいの量です。食品ロスを減らすためにできることを、みんなで考えていくことが大切です。

私たちにできることの例

●安売りしているからと買いすぎない。
●レストランでは食べきれる量だけ注文する。

社会でとりくむことの例

●形が悪い野菜などを捨てずに安くお店で売る。
●スーパーなどで余った食材を子ども食堂(地域の子どもや親に食事を提供する社会活動)などで使ってもらう。

環境を守り、未来につながるものの買い方、使い方

たくさんのものをつくり消費する社会は、たくさんのごみを生み出し、環境をこわしていく社会でもあります。環境を守り、よりよい未来につながるものの買い方や使い方について、おもちゃを買った場合で見てみましょう。

商品がつくられる

ラジコンがほしい！

たくさんの種類があって迷うな

商品を選ぶ
（環境を守るマークを確認）

PETボトル再利用品

マークがある！

商品を買う
（必要なものだけ買う・リデュース）
（必要ないものはもらわない・リフューズ）

これをください！袋はいりません

はい！

ありがとうございます

商品を大切に使う

わーい！

ぼくの宝物だ！大切に使うよ

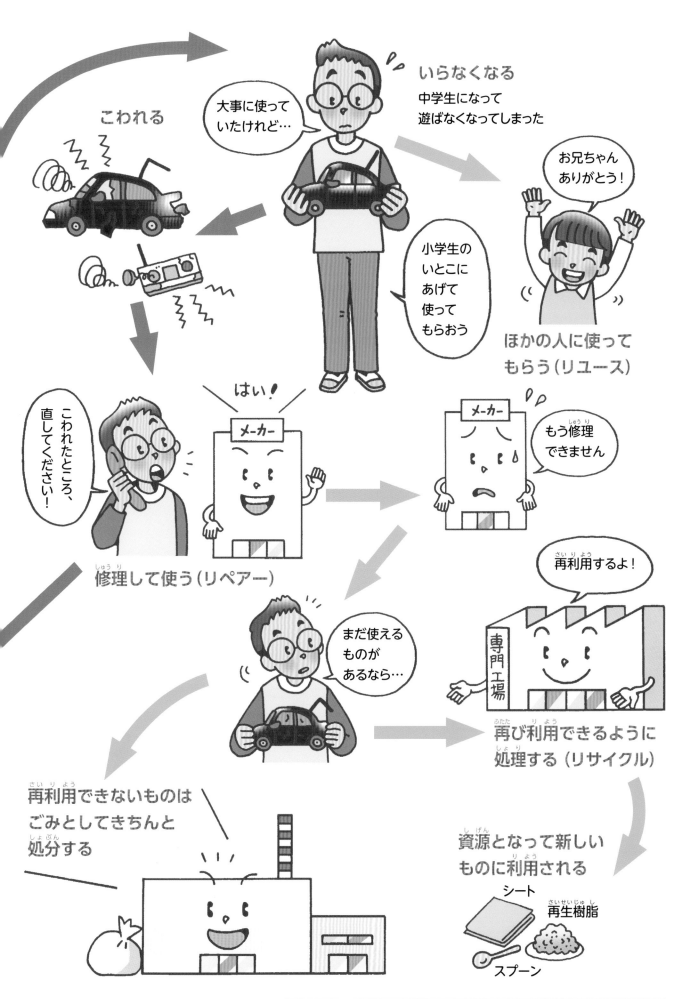

社会をよくするための消費生活（エシカル消費）

社会をよくするために、その商品はどのようにしてつくられたか、その商品を買うことで社会にどのような影響があるかを考えてものを買ったり使ったりすることを、**エシカル（倫理的）消費**といいます。社会をよくするための消費について考えてみましょう。

● 環境を考えてつくられた商品を買う

ものを買うときに、環境が守られるよう気をつけてつくられた商品や、環境を守る活動をしている会社の商品を買えば、あなたもその活動を応援していることになります。商品を選ぶとき、自分のほしいものを買うことばかり考えてしまいがちですが、「環境を守る」商品を選ぶことも心がけていきましょう。

環境のことを考えた商品につけられるマーク

統一省エネラベル
省エネ法に基づいて、製品の省エネ性能が5段階の星で表されています。

← 冷蔵庫やエアコン、液晶テレビなどについています。年間の電気料金の目安も表示されています。

FSC® 認証
適切に管理された森林の木材や適格だと認められたリサイクル資源を使用した商品につけられます。

キッチンペーパー、ジュースの紙パック、メモ帳やノートなど、紙を使った商品についています。

エコレールマーク
環境にやさしい貨物鉄道を利用して運ばれている商品につけられます。

エコレールマーク

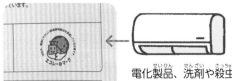

← 電化製品、洗剤や殺虫剤、缶ジュースなどさまざまなものについています。

ペットボトルリサイクル推奨マーク
ペットボトルをリサイクルしてつくられた商品につけられます。

← 定規やボールペンなどの文房具、ごみ袋など、いろいろな製品についています。

● 災害にあった地域の 特産品を買う

災害が起きたとき、救援物資を送ると被災地の助けにはなりますが、一時的なものになってしまいがちです。しかし、その土地の特産品を続けて買うようにすれば、人々の働く場所を確保し、暮らしを支えることができるので、地域全体の復興を応援できます。

● フェアトレード商品を選ぶ

開発途上国から安く農産物や製品を買おうとする会社が多いと、途上国の人々の生活はなかなか豊かになりません。しかし、そのような会社の商品ではなく、農産物や製品を公正な値段で生産者から仕入れている**フェアトレード商品**を買うようにすれば、途上国の人々の暮らしの向上につながります。

● ごみを減らす「5つのR」を心がける

環境のことを考えて、ごみをできるだけ出さないように買いものをしたり、ものを使ったりするために気をつけるべきことをまとめたのが、**リフューズ、リユース、リデュース、リサイクル、リペアー**の「**5つのR**」です。「5つのR」を心がけることが、未来の環境を守ることにつながるのです。

エコバッグ／レジ袋はいりません

リフューズ(Refuse)断る
ごみになるものを家にもちこまないようにしましょう。

着なくなった服はリサイクルショップやバザーに！／回収してもらえるびんは、買ったお店にもどす

リサイクルショップ

リユース(Reuse)再使用
ものをくり返し何度も使うことを心がけましょう。

つめかえできるものを買おう

リデュース(Reduce)減らす
ものを長く大切に使ってむだを減らしましょう。

できるだけ分別して再利用することが大事！

リサイクル(Recycle)再生利用
ただ捨てるのではなく分別すれば資源として再利用できるものもあります。

こわれたら修理！

リペアー(Repair)修理
こわれたらすぐに新品を買うのではなく、修理をして使いましょう。

自分ができるエシカル消費を身のまわりで探してみよう。

持続可能な開発目標
SDGsって何?

　持続可能とは、「今だけではなく、ずっと先の未来まで続けていくことができる」ということを意味しています。**持続可能な社会**とは、地球環境や限りある資源を大切にすることで、今生きている私たちだけではなく、未来を生きる私たちの子孫もよりよい生活が続けられるような社会のことです。

　世界には、まだ多くの貧しい人々がいます。また、環境の悪化を止められていない今、消費のしかた、エネルギーの使い方を見直して、持続可能な社会を実現することが強く求められています。2015年の国連総会で決まった**SDGs（持続可能な開発目標）**は、2030年までに目指すべき17の目標を決めています。

　私たちにできることを考えてみましょう。

SUSTAINABLE DEVELOPMENT GOALS

※国連の持続可能な開発目標 https://www.un.org/sustainabledevelopment/
（本書の内容については国連の承認を受けたものではなく、また国連およびその関係者、加盟国の見解を反映したものではありません）

私たちにもできるSDGs

1 貧困をなくそう

貧しい人々を
支援する団体に
毎月おこづかいの
一部を寄付しよう！

募金箱

7 エネルギーをみんなにそしてクリーンに

温度設定を
夏は高めの28度に、
冬は低めの20度に！

12 つくる責任つかう責任

食べきれる
量だけ
よそって

食品ロスを
減らそう！

13 気候変動に具体的な対策を

車よりも電車やバスなどの公共
交通機関を使おう！

14 海の豊かさを守ろう

「海のエコラベル」
のついた魚を
買おう！

海のエコラベル
持続可能な漁業で獲られた
水産物
MSC認証
www.msc.org/jp

MSCの「海のエコラベル」は、持続可能
で環境に配慮した漁業でとられた水産物に
つけられるラベルです。

15 陸の豊かさも守ろう

環境のことを考えてつくられた
商品を使おう！

さくいん

監修

キッズ・マネー・ステーション

キャッシュレス決済、スマートフォンやゲームの普及など、子どもたちの環境が目まぐるしく変化する中、2005年にものやお金の大切さを伝えるために設立された団体。全国に約300名在籍する認定講師は、自治体や学校などを中心に、お金教育やキャリア教育の授業・講演を多数行う。2020年までに1500件以上の講座実績をもつ。代表の八木陽子は、2017年度から使用されている文部科学省検定の高等学校家庭科の教科書に日本のファイナンシャルプランナーとして掲載される。今回の書籍に携わった監修者はキッズ・マネー・ステーション認定講師の柴田千青、髙柳万里、柳原香。よりよい日本社会のために「お金とのつきあい方」を伝えるべく全力を注いでいる。
https://www.1kinsenkyouiku.com/

イラスト	種田瑞子　竹永絵里
装丁・デザイン	平野晶
原稿協力	中道悦子
企画編集	若倉健亮（中央経済グループパブリッシング）
	木戸紀子（シーオーツー）
校正	中央経済グループパブリッシング
	小林伸子

写真協力

istock bay Getty Images
PIXTA

主な参考資料

『池上彰のはじめてのお金の教科書』池上彰著（幻冬舎）
『お金のことがよくわかる事典（楽しい調べ学習シリーズ）』岡本和久監修（PHP研究所）
『お金は子どもに預けなさい』八木陽子著（リュウ・ブックスアステ新書）
『思わず伝えたくなる「消費者市民社会」の話』『はじめよう！あなたから 地球のためのエシカルライフ』（公益社団法人日本消費生活アドバイザー・コンサルタント・相談員協会）
『学校では教えてくれない大切なこと3　お金のこと』（旺文社）
『環境白書』『循環型社会白書』『生物多様性白書』（環境庁）
『10歳から知っておきたいお金の心得～大切なのは稼ぎ方・使い方・考え方～』
八木陽子監修（えほんの杜）
『知ろう！学ぼう！税金の働き　税金の基本と仕組み』日本税理士会連合会監修（金の星社）
『よくわかる銀行（楽しい調べ学習シリーズ）』戸谷圭子監修（PHP研究所）
『私たちが目指す世界 子どものための「持続可能な開発目標（SDGs）」』
（公益法人セーブ・ザ・チルドレン・ジャパン他）

●サイト
一般社団法人産業環境管理協会　資源・リサイクル促進センター
「小学生のための環境リサイクル学習ホームページ」
環境省「ECO学習ライブラリー」「Re-Style」「COOL CHOICE」
経済産業省・資源エネルギー庁
公益財団法人生命保険文化センター
公益財団法人日本ユニセフ協会（ユニセフ日本委員会）
国際連合広報センター
国税庁「税の学習コーナー」
国民生活センター「「国民生活」暮らしの判例」
財務省「キッズコーナー　ファイナンスらんど」
消費者庁
知るぽると：金融広報中央委員会
WWFジャパン

もっと知りたい！ 調べたい！ お金のこと❶
上手なお金の使い方

2021年3月25日　第1刷発行

監修者	キッズ・マネー・ステーション
発行所	株式会社中央経済グループパブリッシング
	〒101-0051　東京都千代田区神田神保町1-31-2
	TEL03-3293-3381　FAX03-3291-4437
	https://www.chuokeizai.co.jp/
発売元	株式会社小峰書店
	〒162-0066　東京都新宿区市谷台町4-15
	TEL03-3357-3521　FAX03-3357-1027
	https://www.komineshoten.co.jp/
印刷・製本	図書印刷株式会社

©2021 Chuokeizai Group Publishing Printed in Japan
ISBN978-4-338-34401-2　NDC337　47P　30×22㎝

乱丁・落丁本はお取り替えいたします。
本書の無断での複写（コピー）、上演、放送等の二次利用、翻案等は、著作権法上の例外を除き禁じられています。
本書の電子データ化などの無断複製は著作権法上の例外を除き禁じられています。代行業者等の第三者による本書の電子的複製も認められておりません。